AF216232

Die alte Deutsche Schreibschrift

In familiären Unterlagen, die sich oft über Generationen erhalten haben, finden sich auch handschriftliche Aufzeichnungen. Dazu zählen Koch- und Backrezepte, Familienchroniken, Tagebücher, Briefe, Todesnachrichten, Feldpost von Soldaten, Glückwunschkarten, Postkarten, amtliche Dokumente, Urkunden, Zeugnisse und vieles mehr.

Versucht man die Schriftstücke heute zu entziffern, wird man schnell feststellen, dass sie in einer für uns nicht mehr lesbaren alten „Deutschen Handschrift" geschrieben sind – entweder in der Kurrent, die über 400 Jahre lang geschrieben wurde oder in der neueren Sütterlin. Diese beiden Handschriften, die in den Schulen bis ca. 1941 unterrichtet wurden, haben die Nationalsozialisten 1941 verboten. Auch die zeitlich zuzuordnende Frakturschrift, die hauptsächlich als Satzschrift in gedruckten Publikationen Anwendung fand, wurde zu diesem Zeitpunkt untersagt. Grund für das Verbot war, dass diese Schriften in anderen (besetzten) Kulturkreisen nicht lesbar waren. Die meisten Personen, die in dieser Zeit aufwuchsen, schrieben im privaten Bereich allerdings ihre gelernte Handschrift – Kurrent oder Sütterlin – weiter. Amtliche Dokumente wurden hingegen nicht mehr in diesen Schriften verfasst und in Schulen wurden sie nicht mehr unterrichtet. Die Sütterlin ist die überarbeitete neue Variante der Kurrent-Schreibschrift. Sie vereinheitlichte die bisherige Kurrent in einer Schulausgangsschrift, die weitgehend auf Schnörkel verzichtete und damit ihre Lesbarkeit erhöhte.

Heutzutage wird es immer schwerer, Menschen zu finden, die beim Lesen und Übertragen der alten Handschriften helfen können. So geraten alte Unterlagen immer mehr in Vergessenheit. Will man sich intensiver mit dem Inhalt dieser Aufzeichnungen beschäftigen oder will man mehr über seine Vorfahren erfahren, hegt man schnell den Wunsch, diese Handschriften auch selbst lesen zu können. Macht man sich das Feld der Ahnenforschung zum Hobby, erleichtert man sich die Recherche ungemein. Denn archivierte Unterlagen wurden früher mit der Hand geschrieben und auch handschriftlich kopiert. Dazu zählen vor allem Eintragungen in Kirchenbüchern, die bis heute verifizierbare Belege für Personendaten liefern.

Printed in Germany | Herstellung und Verlag: BoD – Books on Demand, Norderstedt
Copyright, Gestaltung und Schreibvorlagen: Vasco Kintzel, 2023. Illustrationen: dreamstime.com | ISBN 9783748101185

Lesen und Schreiben lernt man am einfachsten wie in der Schulzeit – gleichzeitig!

Erinnern wir uns an den Erwerb der eigenen Handschrift, werden wir feststellen, dass wir als Erstklässler beim Schreiben jedes Wort, Buchstabe für Buchstabe, leise vor uns hersagten, während wir die Wörter zu Papier brachten. Viele Bücher zum Selbststudium alter Deutscher Handschriften lehren sie ausschließlich über das Lesen. So findet man zahlreiche Beispiele persönlicher Handschriften, die als Übungstexte in heutige Schrift transkribiert gegenübergestellt werden. Diese Methode ist jedoch sehr schwierig, mühselig und oft frustrierend, da man die Buchstaben einfach nicht erkennen kann.

Das Schreiben und gleichzeitige visuelle Verinnerlichen der Buchstaben führt zu schnellerem Erfolg. Meiner Meinung nach liegt der Grund vor allem darin, dass man beim Selbst-Schreiben die Unterschiede und Abtrennungen der einzelnen sehr ähnlichen Buchstaben besser erfassen kann. Falsche Übertragungen der Schrift können dadurch vermieden werden. Denn das anfängliche Buchstabe-für-Buchstabe-Lesen gehört auch bei dieser Schrift dazu.

Liest der Leser nach bereits abgespeicherten Wortbildern heute gebräuchlicher Handschriften, wird er oft in die Irre geleitet. So kann man die tatsächliche Bedeutung der geschriebenen Worte mit dem bereits abgespeicherten Wortbild unserer heutigen Schrift leicht verwechseln. Das Beispiel unten macht das deutlich. Man beachte die optische Ähnlichkeit der Worte und deren unterschiedliche Bedeutung. Liest man einen solchen Text nur flüchtig, könnte man den Inhalt vollkommen falsch lesen und interpretieren.

 Wasser

 Messer

 Waffen

 Wetter

 Mutter

Die Schreib- und Lesefibel nach historischem Vorbild.

Die hier dargestellten Übungen orientieren sich nach historischen Schulbüchern. Allerdings muss man berücksichtigen, dass die Lehrkraft die Übungen erklärte. Wer Schulhefte aus dieser Zeit sichtet, wird bemerken, dass die Buchstaben und Worte seitenweise von diesem Buch in ein Heft mit passender Lineatur übertragen wurden.

Geschrieben wurde bis zur Erfindung der Feder mit Kugelspitze mit der Spitzfeder, die immer wieder in ein bereitstehendes Tintenfass getaucht wurde. Das Schreiben mit Feder bedarf ebenfalls der Übung. Nutzt man die Spitzfeder zum ersten mal, bemerkt man gleich, dass die Feder nicht in alle Richtungen über das Papier gleitet wie moderne Füllfederhalter. Deshalb empfehle ich – wenn kein kalligrafisches Können angestrebt wird – eher mit einem modernen Füller oder einem Bleistift zu üben.

Die Reihenfolge der zu lernenden Buchstaben entspricht nicht der Reihenfolge des ABC wie wir es kennen, ermöglicht aber gleich erste Silben zu schreiben und damit die ersten Erfolgserlebnisse zu haben. Die Zeilenabstände verringern sich im Laufe der Übungen wie auch heute noch beim Schreiben-Lernen.

Für die weitere Übungen – und vor allem das Lesen – empfehle ich das Buch „Alte Deutsche Schreibschrift“ von Vasco Kintzel, ISBN 978-3753480176, das im Buchhandel bestellbar und im Online-Buchhandel erhältlich ist. Es beinhaltet Abdrucke von unterschiedlichen alten Deutschen Handschriften, die der zeilengenauen Übertragung in heutiger Druckschrift gegenübergestellt sind. So kann neben dem Schreiben vor allem das genaue Lesen alter Dokumente und Briefe schnell erlernt werden.

Das Alphabet der Kurrent, wie sie etwa 1900 geschrieben wurde:

Das Alphabet der neueren Sütterlin, wie sie als Schulschrift unterrichtet wurde:

Die Kleinbuchstaben

1.

i

i i

i

i

n

2.

n

n

n

in

3.

й

й

й

йі

4.

n

n

n

n

5.

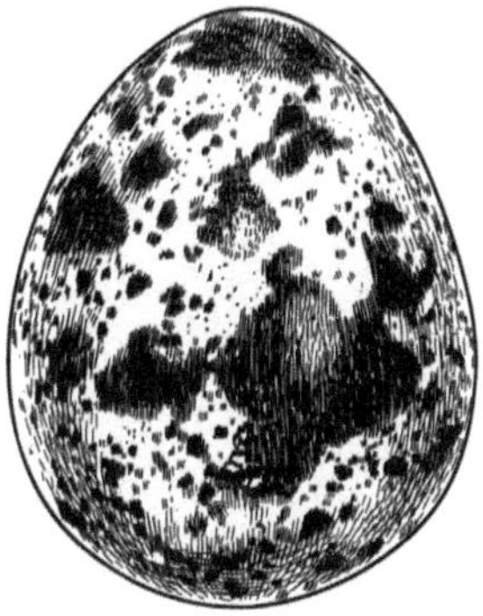

ei

ei

ei

ein

nie

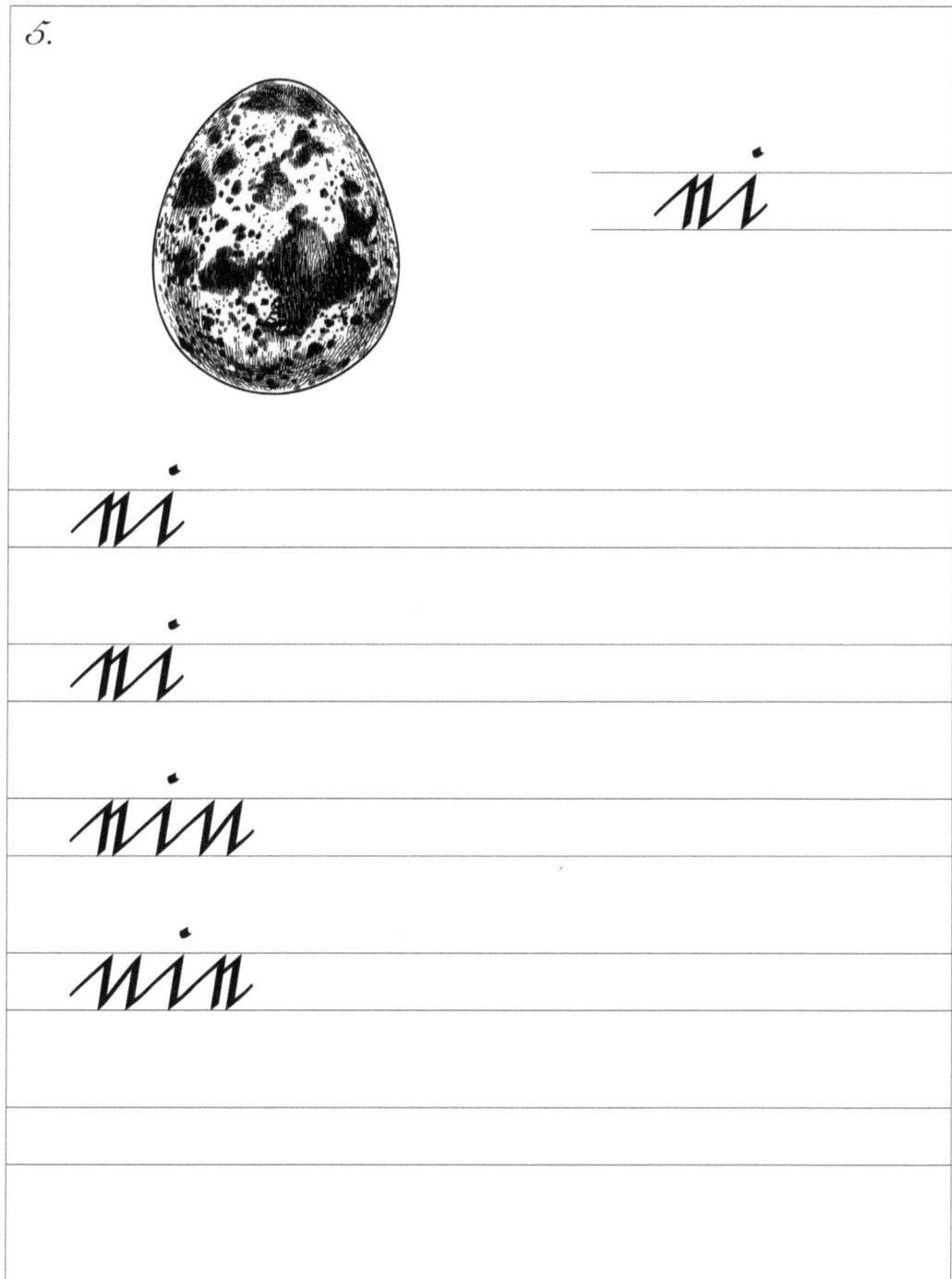

6.

o

o

o

o

7.

a

a

a

a

au

8.

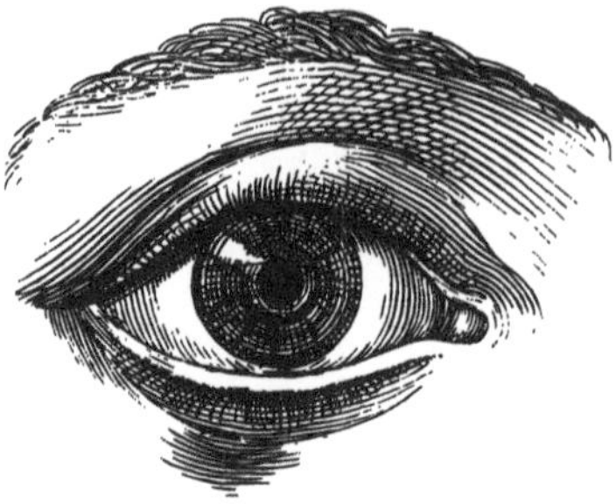

au

au

au

au

9.

l

l

l

lau

eile

langes s

10.

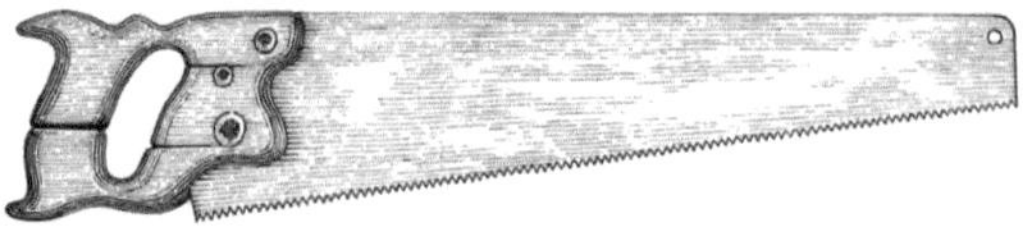

ſ

ſ

ſ

ſo

leſen

11.

m

m

mein

miau

malen

12.

w

w

w

win

wo

13.

r

r

er

rein

rosa

14.

eu

eu

eu

neu

eure

15.

j

j

jn

ja

jnun

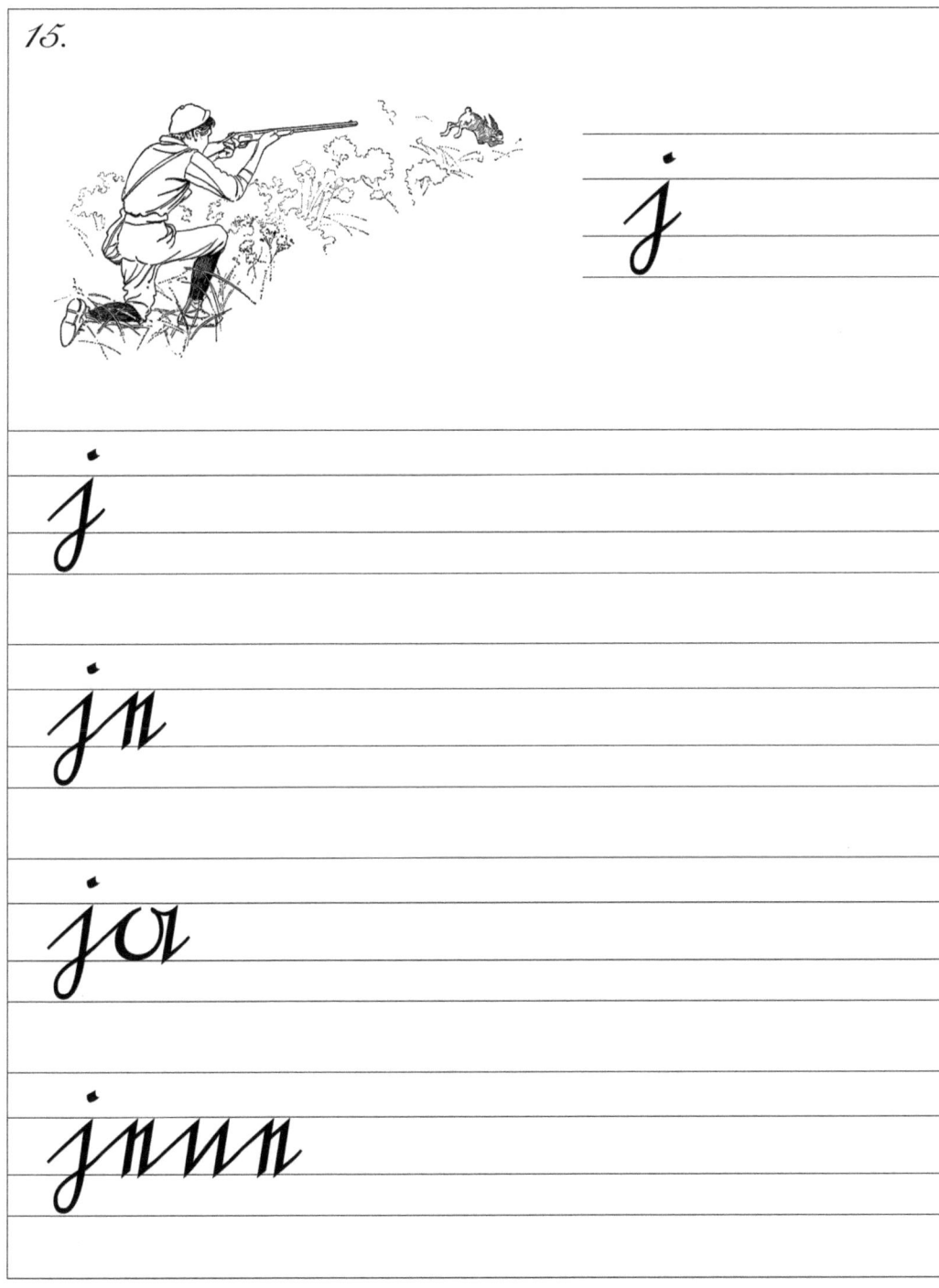

16. Wir schreiben:

i n u e in ei nie miau

au an so maul lau am

eu je n m ei eu ur nie

au l j r ſ w o eile rein

a i u e ei eu au neu

nun nein neun in nein

meine seine sein sie sei

weil wir mir war wer

17.

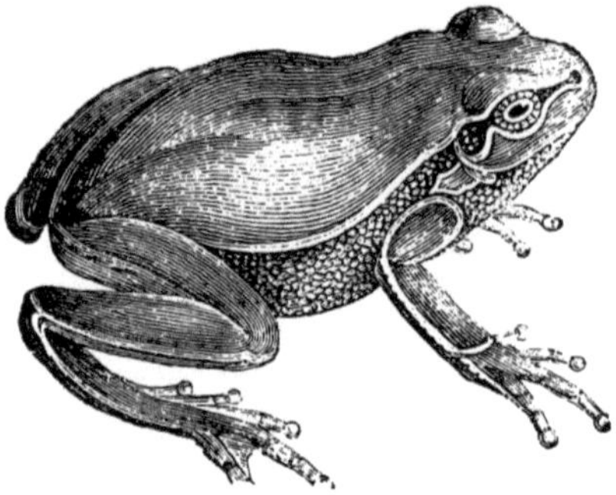

f

f

ff

auf

laufen

fein

rufen

18.

h

h

h

hole

heilen

her

heim

19.

ch

ch

weich

auch

riechen

reichen

reich

20.

sch

sch

sch

schau

scheu

schon

rauschen

21.

s - ſ

aus

los

er las

reiſen

leiſe

loſe

22.

Regeln zum kleinen s: Langes ſ oder rundes s ?

Das runde (s) s steht am Wortende wie bei

Haus, Laus, aus

Das lange (s) ſ steht am Wortanfang wie bei

ſehen, ſo, ſehr.

Das lange ſ steht mittig im Wort, auch wenn es doppelt vorkommt:

Vaſe, Waſſer, Blaſe, Menſch

Bestehen Wörter aus zusammengesetzten eigenständigen Worten, wird das runde s auch in der Wortmitte verwendet:

Lebensmittel, Glasflaſche

Achtung bei doppeltem „s“ bei zusammengesetzten Worten:

Glasſcherbe, Grasſichel, Reisſuppe

aber:

Waſſer, Taſſe

23.

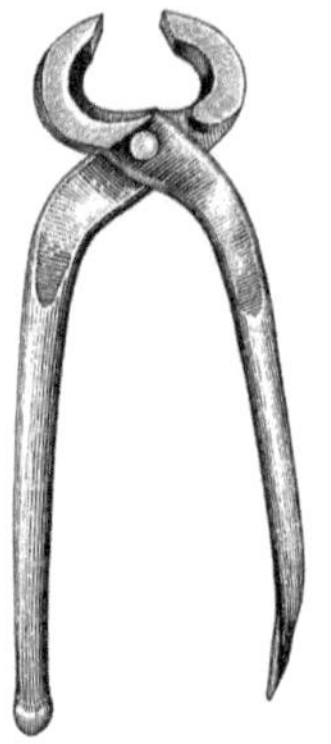

z

z

z

zu

reizen

heizen

heize ein!

24.

a ä

o ö

u ü

lösen

schämen

schüren

schön

füllen

25. Wir schreiben:

malen wir malen

laufen wir laufen

holen wir holen

sehen leihen rufen

nähen mähen säen

feilen lesen lösen

wir laufen schnell

wir malen schön

26. Wir schreiben:

heulen weinen rufen

reisen feilen reizen

heizen seufzen hören

reizen weichen

schauen schämen

schälen rauschen

lauschen waschen

naschen lösen essen

27. Wir schreiben:

wir sehen zu

wir hören auf

wir heizen ein

wir rufen euch

wir reisen zu

wir reisen nach

wir weichen aus

wir laufen nach

28.

b

b

b

bei

weben

loben

haben

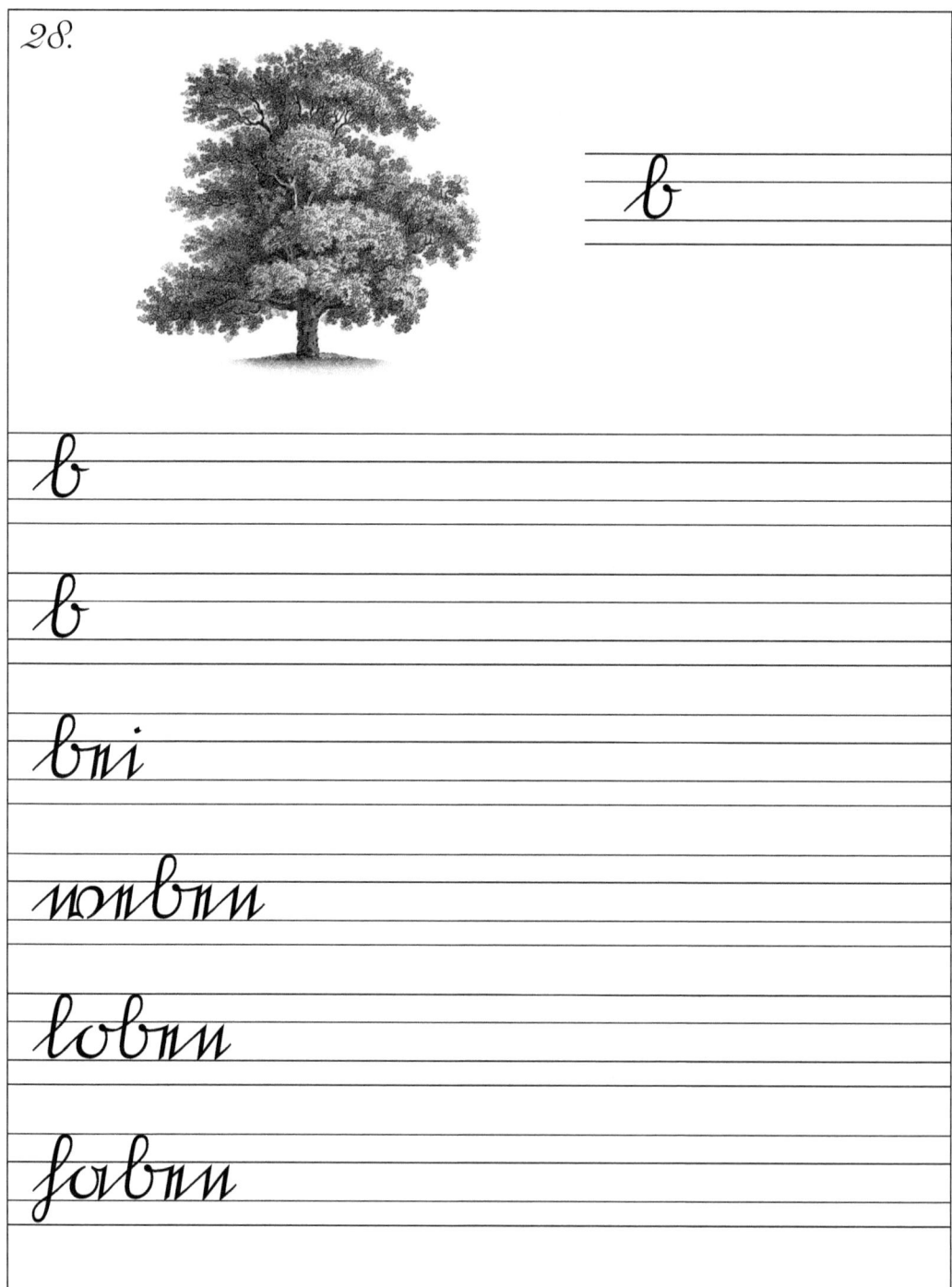

29.

d

d

d

du

da

dir

dein

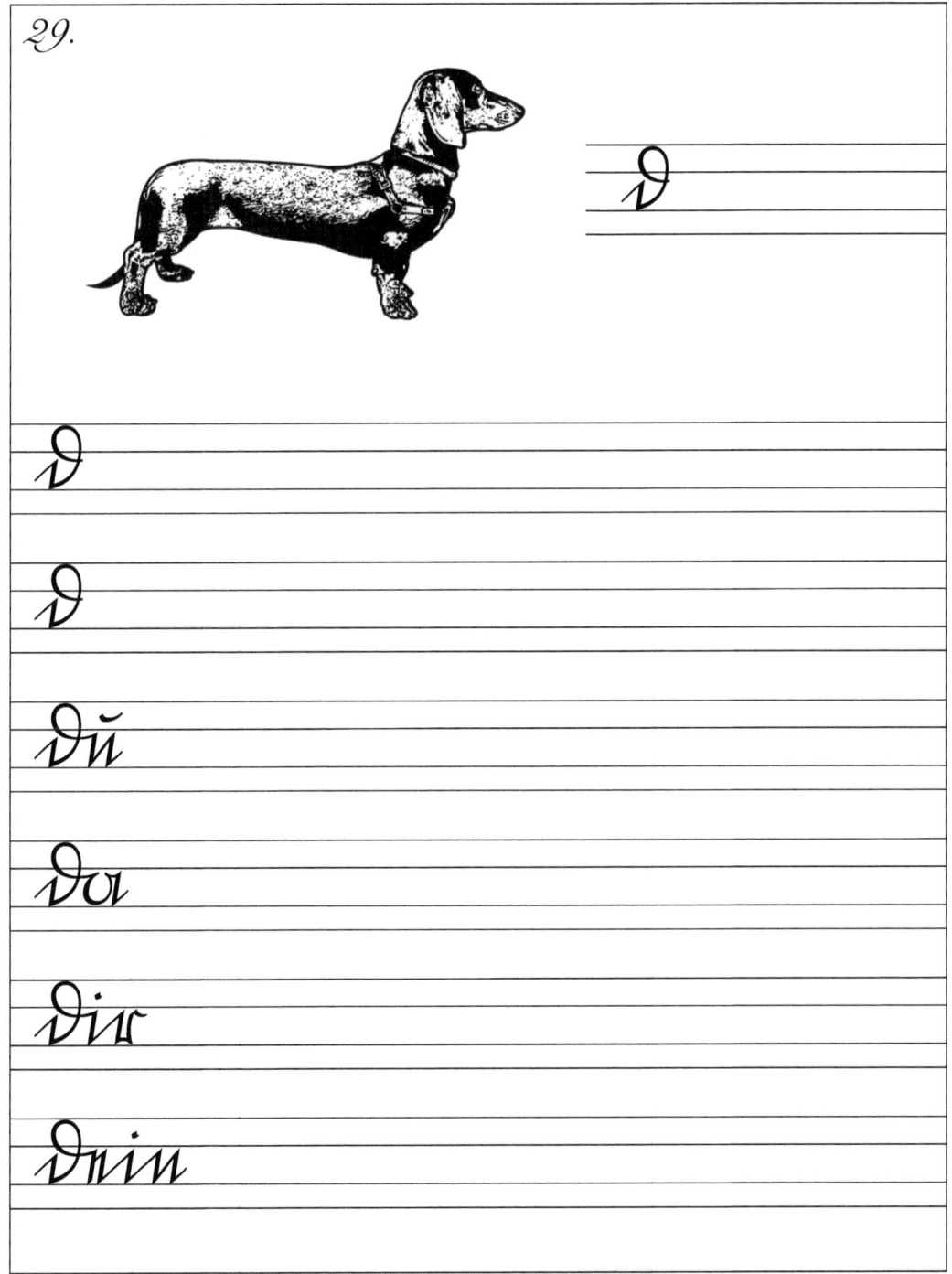

30.

g

g

g

genau

gehen

geben

jagen

31.

t

t

t

fat

tat

vat

laut

k

32.

k

k

k

kein

kaufen

kam

kalt

33.

p

p

p

zupfen

tapfer

hüpfen

rupfen

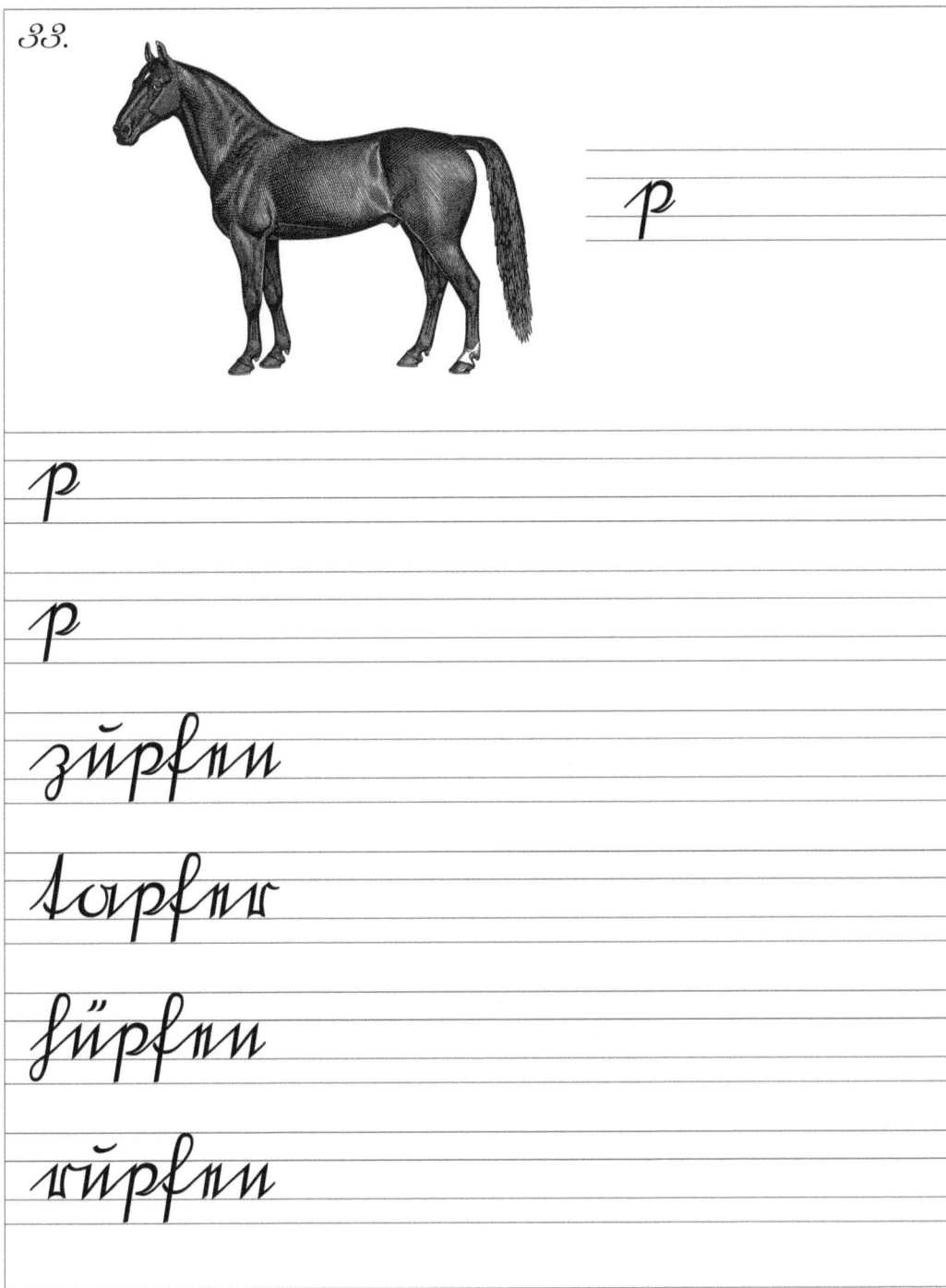

V

34.

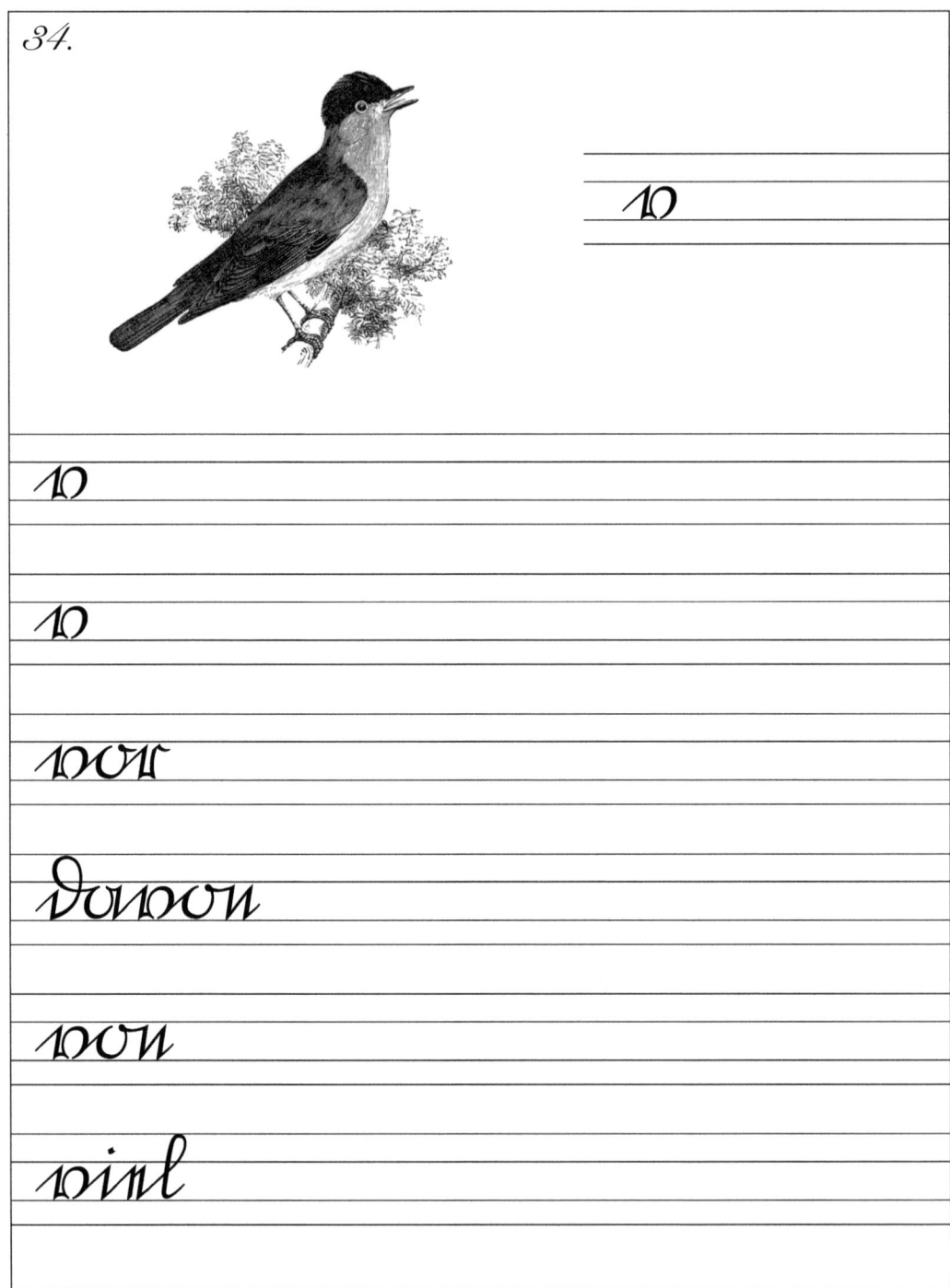

v

v

v

vor

davon

von

viel

35.

qu

qu

qu

quer

quälen

bequem

qualen

36.

h

h

h

h

sehen

bohen

aufbühen

37.

y

y

y

y

y

y

analysieren

Die Großbuchstaben

38.

D

D

D

Dachs

Dom

Durst

Duft

O

39

O

O

O

Ofen

Ort

Öfen

Orgel

40.

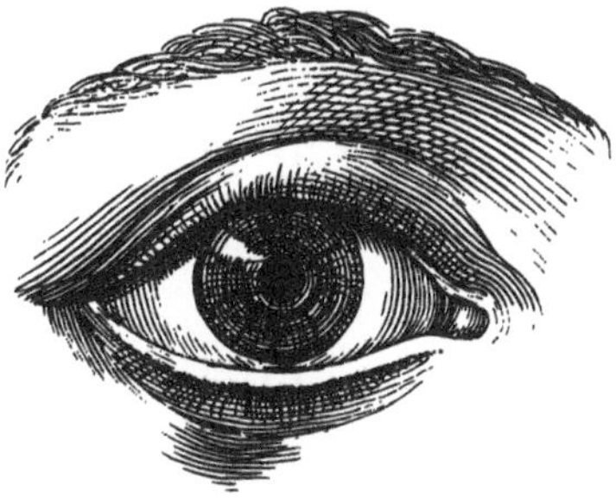

A

A

A

Auge

Apfel

Ärmel

Arbeit

41.

G

G

G

Gans

Gurke

Geige

Garten

S

42.

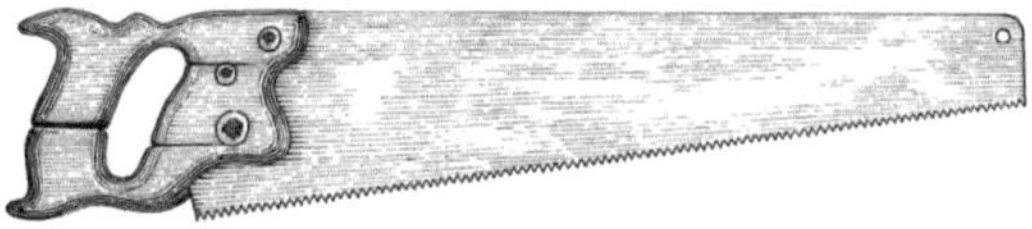

S

S

S

Säge

Seite

Seil

Seife

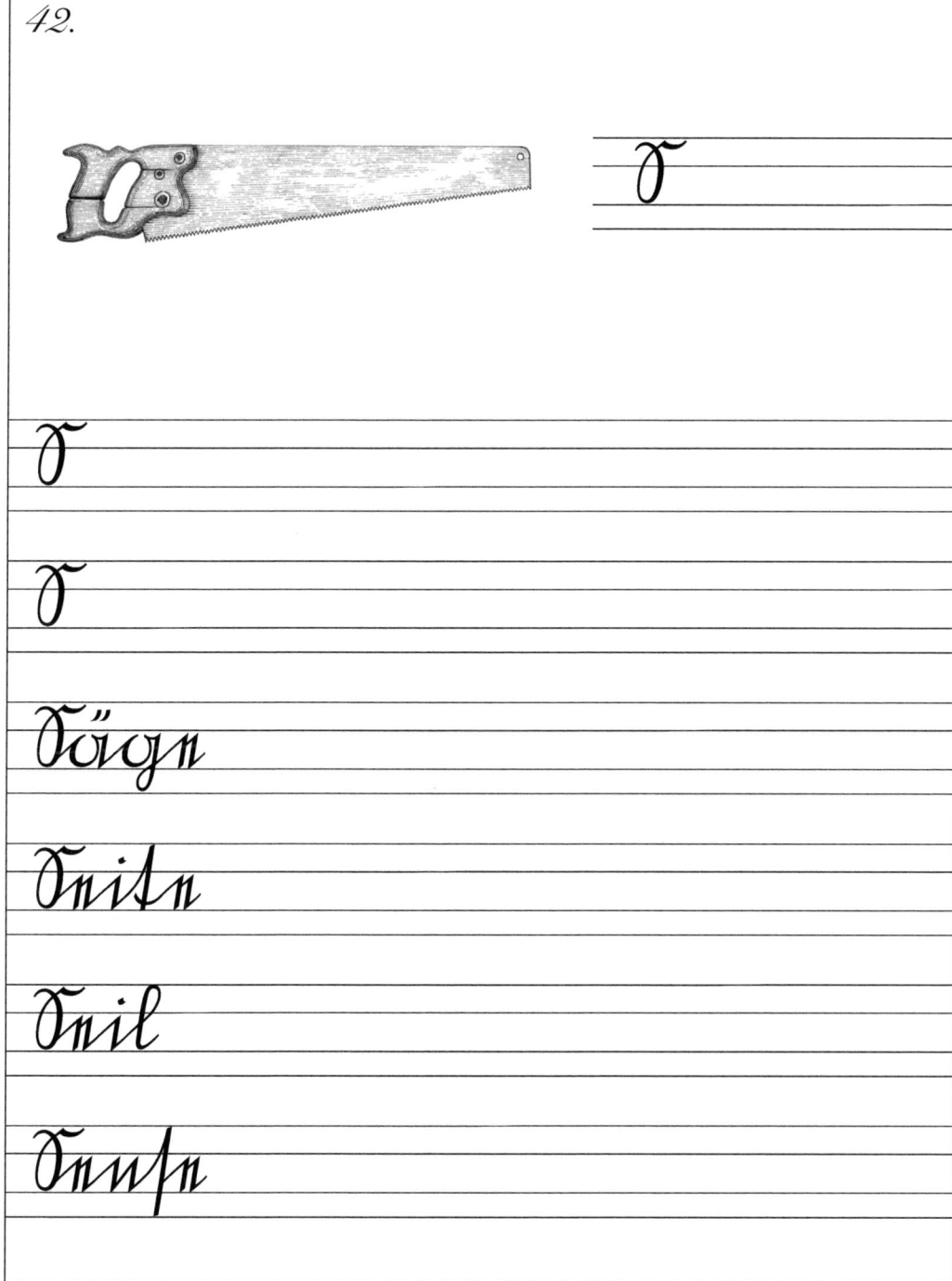

N

43.

N

N

N

Nest

Nase

Nadel

Norden

44.

M

M

M

Maus

Milch

Maul

Mauer

45.

W

W

W

Wagen

Wein

Wolf

Wolken

46.

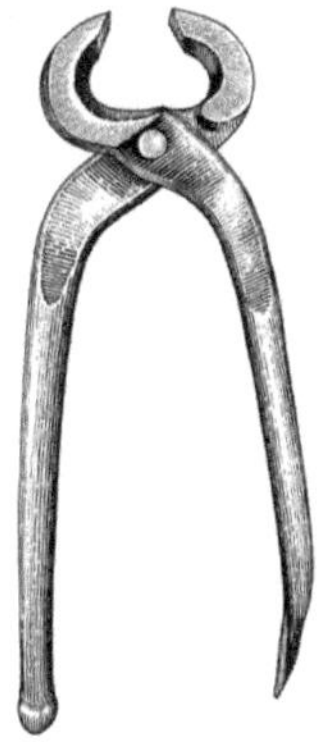

Z

Z

Z

Zange

Zahn

Zahl

Zunge

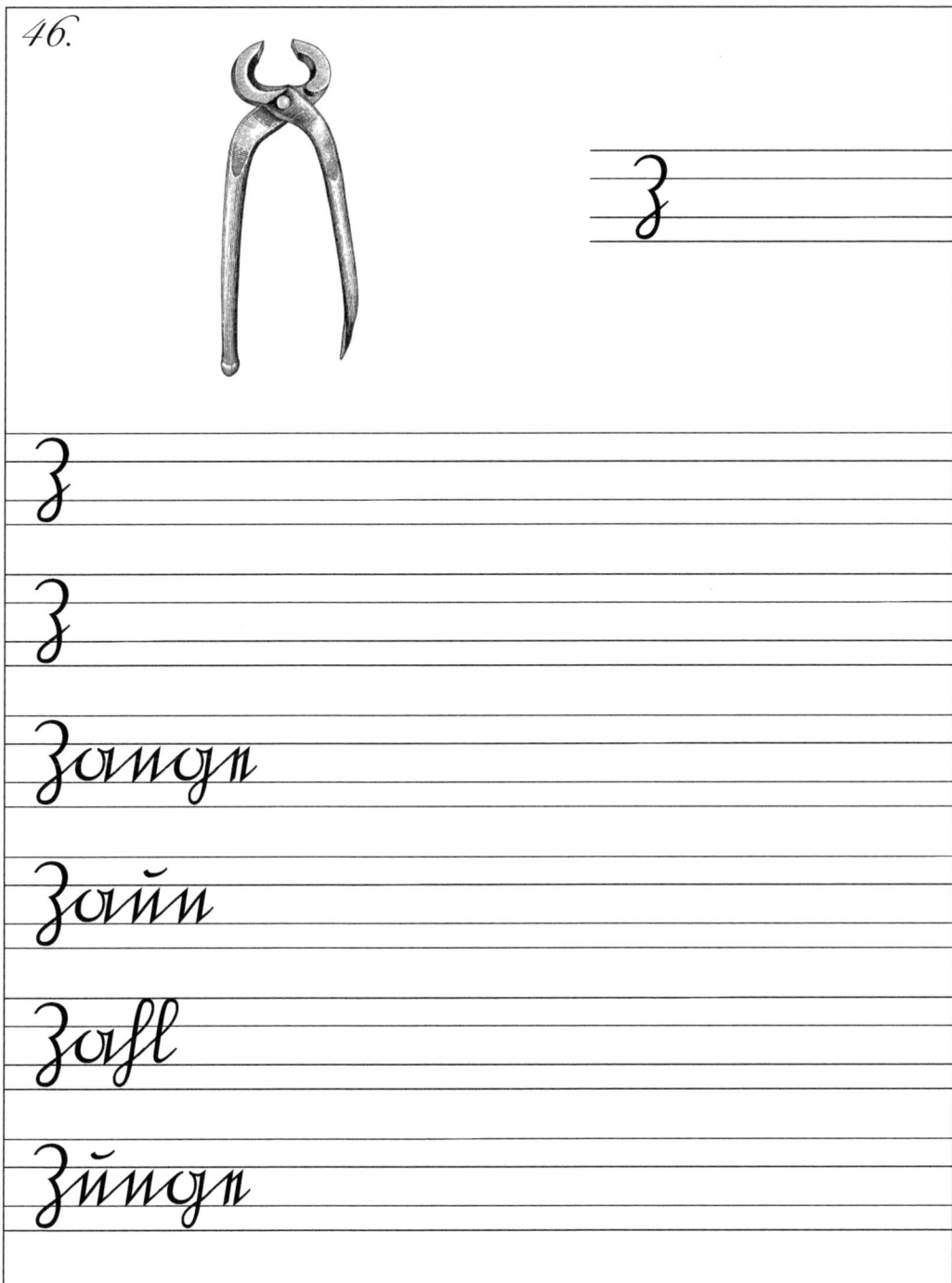

47.

P

P

P

Pferd

Pech

Perlenketten

Pause

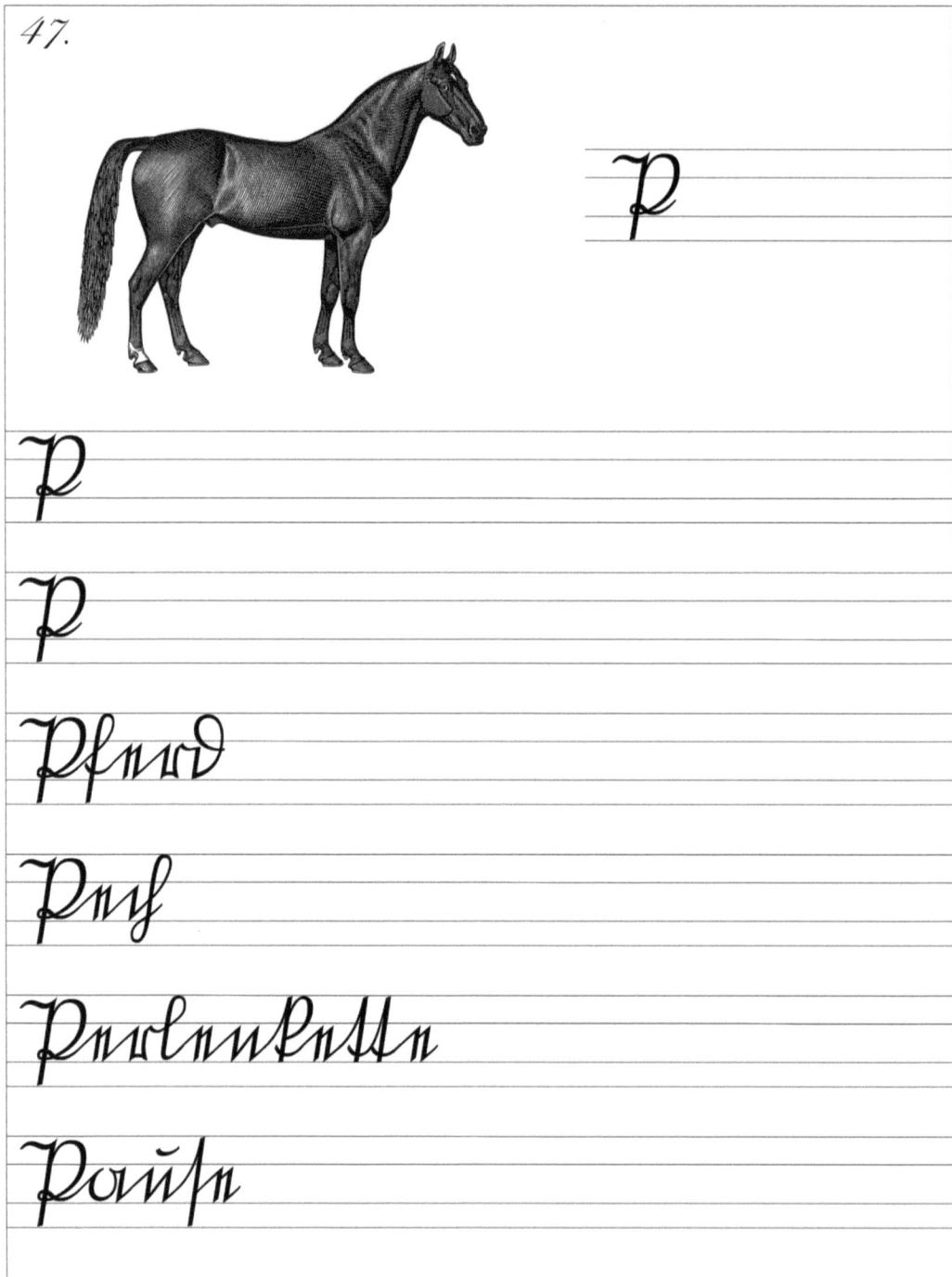

48.

E

E

E

Esel

Eis

Eimer

Erde

49.

T

T

T

Tanne

Tor

Tisch

Traube

50.

U

U

U

Uhr

Uhu

Unkraut

Übel

51.

F

F

F

Faden

Fisch

Fest

Fenster

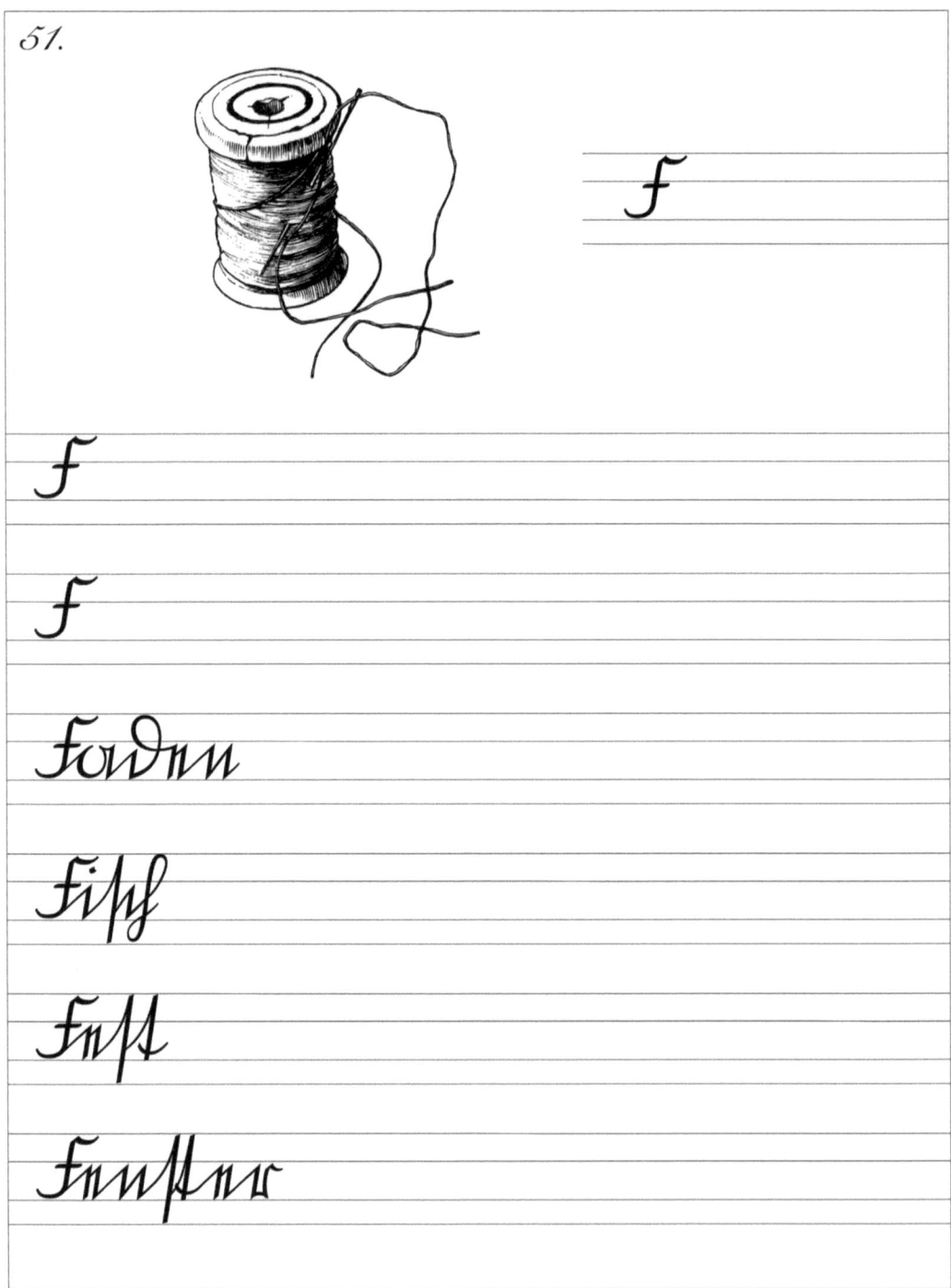

52.

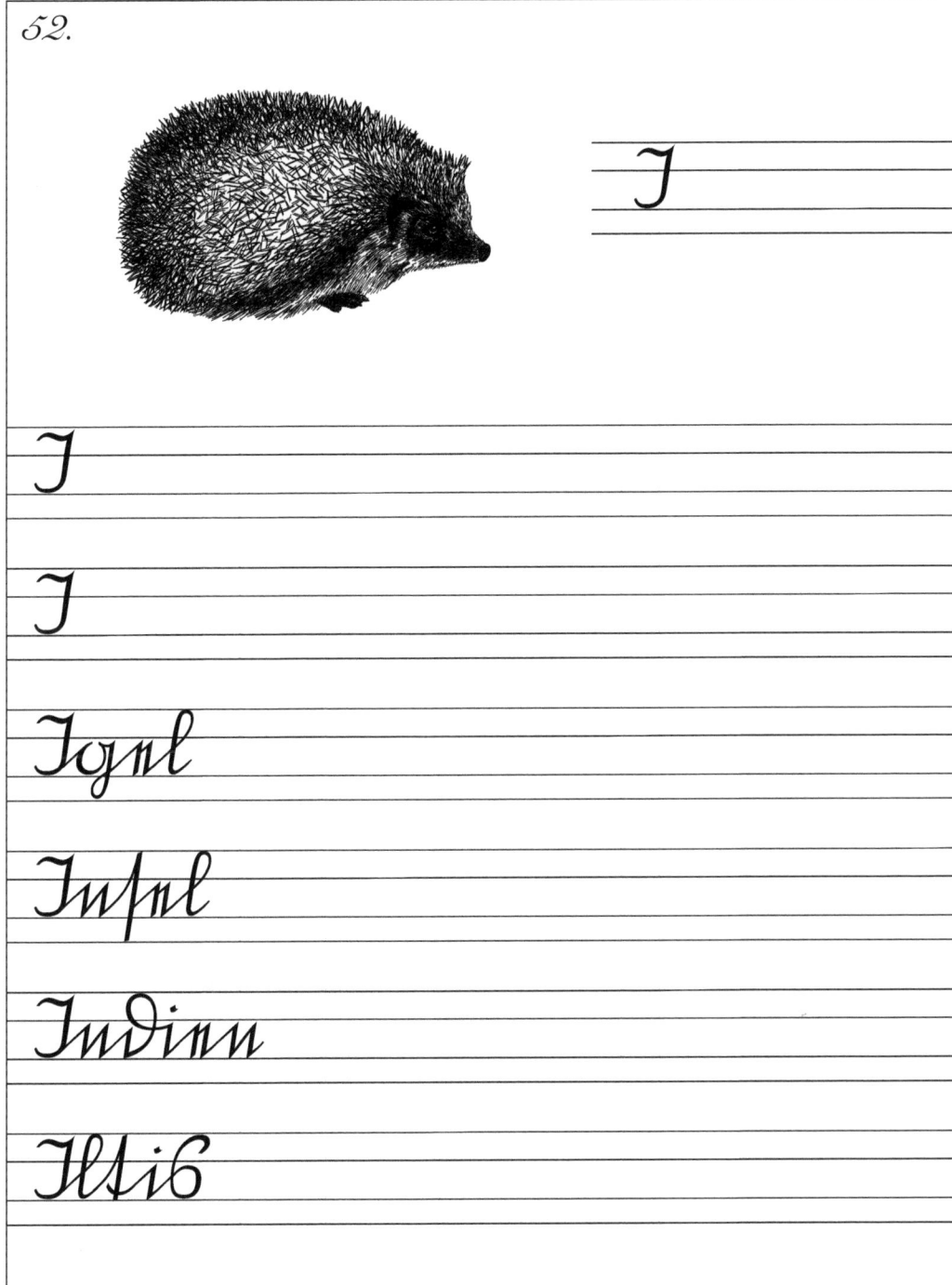

I

I

I

Igel

Insel

Indien

Iltis

53.

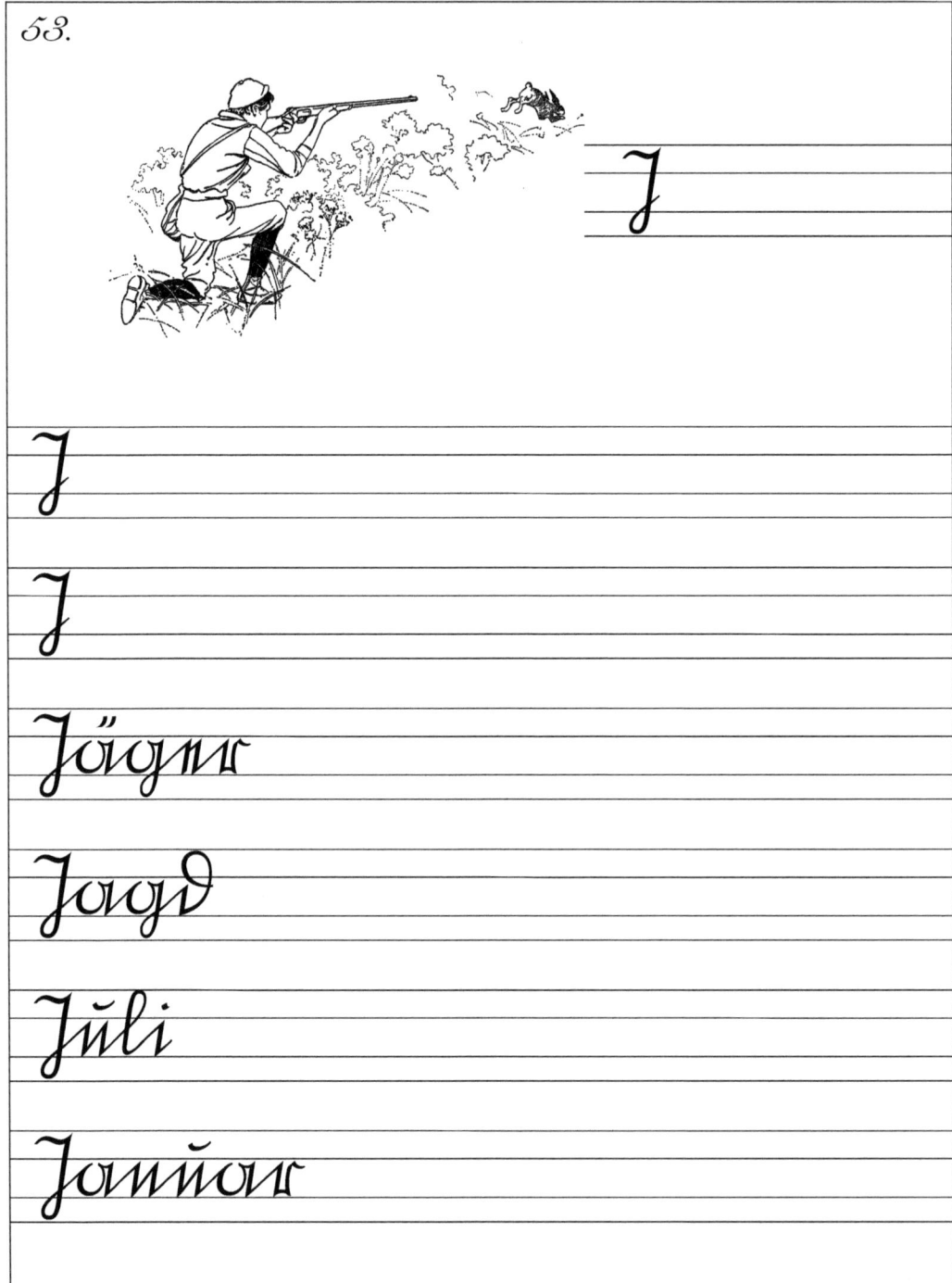

J

J

J

Jäger

Jagd

Juli

Januar

54.

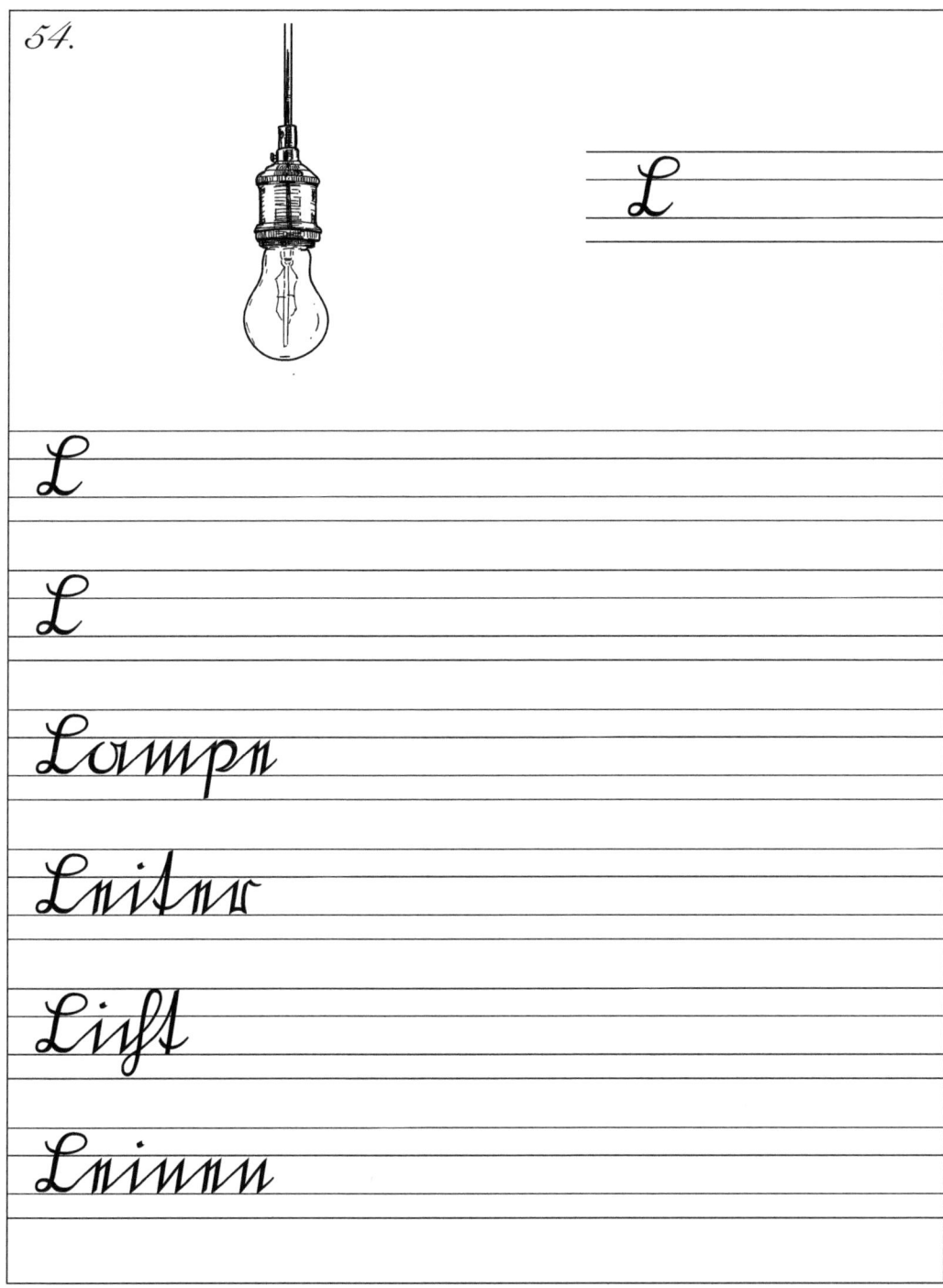

L

L

L

Lampe

Leiter

Licht

Leinen

55.

B

B

B

Baum

Buch

Bein

Brot

56.

H

H

H

Hut

Hummel

Haus

Hafen

57.

K

K

K

Katze

Kater

Keil

Kugel

58.

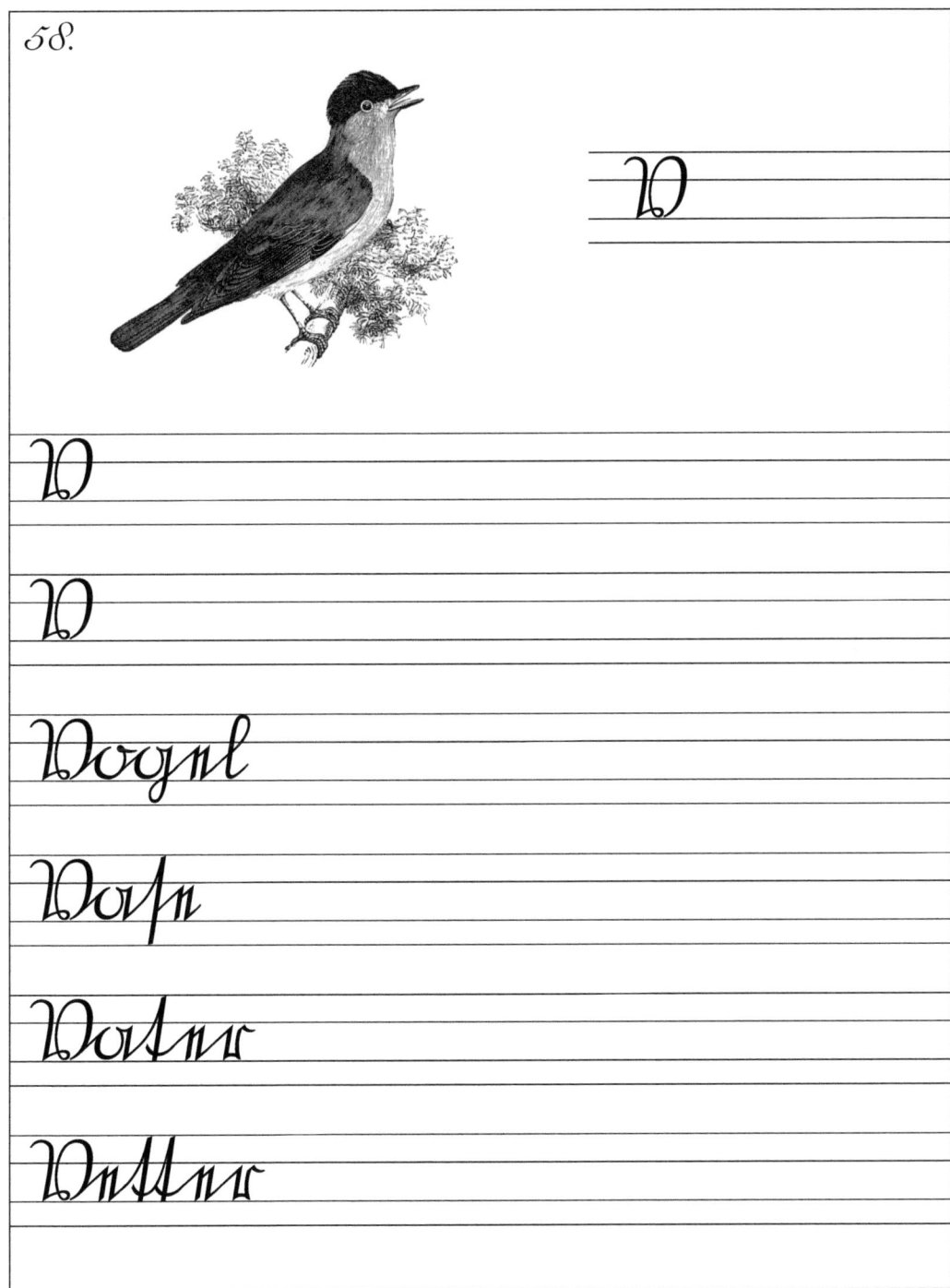

V

V

V

Vogel

Vase

Vater

Vetter

59.

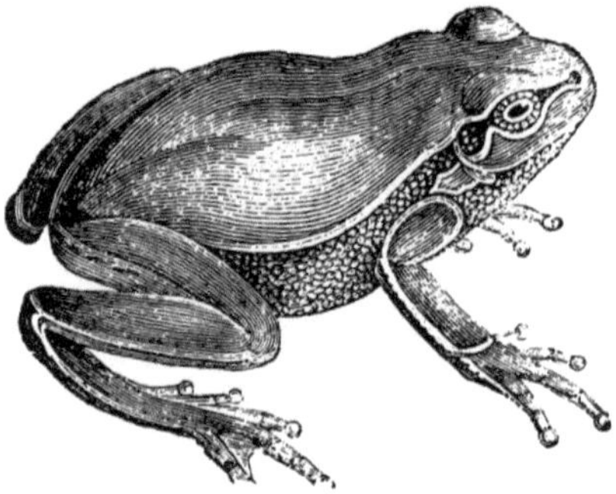

F

F

F

Frosch

Frau

Feran

Falter

60.

R

R

R

Rad

Rand

Rollen

Rinnen

61.

Sch

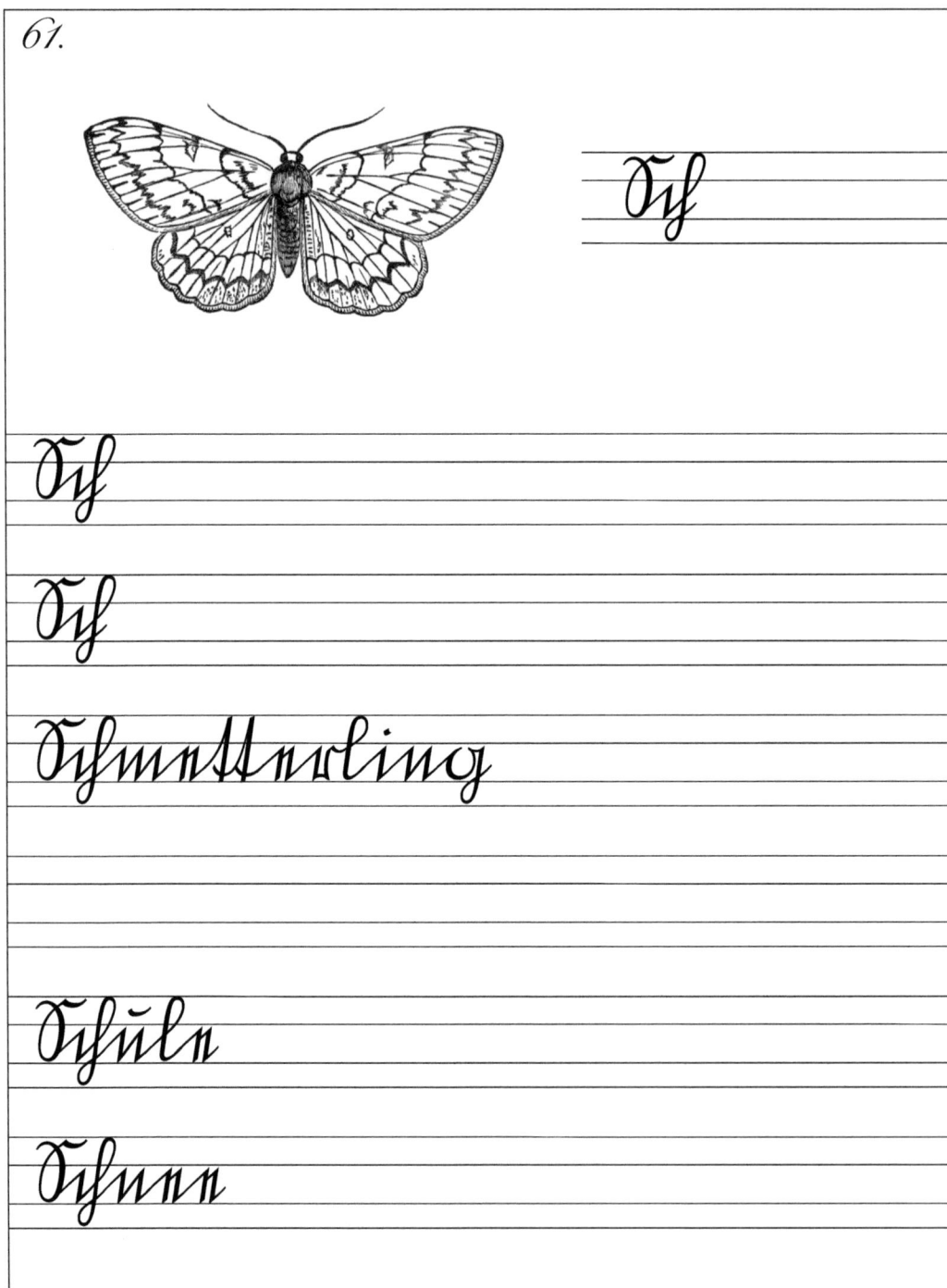

Sch

Sch

Schmetterling

Schule

Schnee

62.

Ch

Ch

Ch

Chor

Chaos

Cheops

Chance

Qu

63.

Qu

Qu

Qu

Qual

Quark

Qualle

Qualm

64.

X

X

X

Xaver

Xerxe

Axt

Xerxes

65.

Y

Y

Y

Ypsilon

Hyazinthe

Ypern

Zylinder

66.

ß

ß

ß

reißen

Klöße

weiß

heißen

67. Wir schreiben:

Das ist der Daumen,

der schüttelt die

Pflaumen.

Der liest sie auf,

der trägt sie heim

und der ißt sie

ganz allein.

„Mit diesem Buch kann jeder alte Handschriften schnell und einfach lesen."

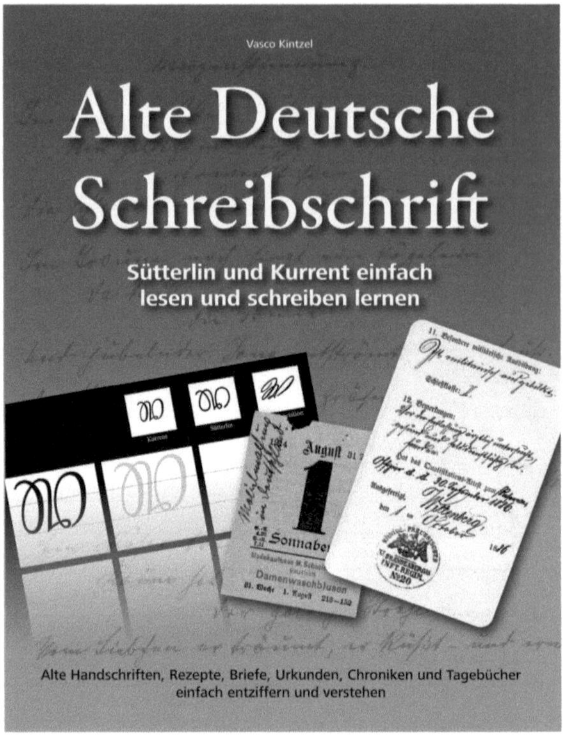

Endlich alte Aufzeichnungen lesen

Wer in Familienunterlagen, in Archiven oder in Büchern auf alte Handschriften stößt, will sie schnell und einfach lesen können.

In diesem praktischen Lehrbuch zeigt Vasco Kintzel, wie einfach man das Lesen der Sütterlin- und der Kurrentschrift erlernen kann. In aufeinander aufbauenden Übungen werden die Schriftzeichen mit einer äußerst effizienten Methode erfasst und anhand vieler Originalhandschriften mit zeilengenauer Übertragung weiter eingeübt. So gelingt das Lesen der eigenen Texte anschließend einfach und zügig.

9 783753 480176

ISBN 9783753480176